Hohenheim

Manfred Rommel

# Gedichte und Parodien

Hohenheim Verlag
Stuttgart · Leipzig

Satz: Satz & mehr, Besigheim
Druck und Bindung: Henkel GmbH, Stuttgart
Printed in Germany
ISBN 10: 3-89850-151-5
ISBN 13: 978-3-89850-151-4

# Inhalt

Manfred Rommel

## Wiederbelebung der Dichtkunst

In jener frühen Phase der Jugendzeit, an die sich der Mensch gerade noch erinnert, empfand ich keine Sehnsucht nach Kultur oder musischer Bildung. Ich brüllte ebenso laut, wie ich konnte, wenn man mich bedrängte, etwas zu lernen, zum Beispiel Wörter zu artikulieren, deren ich noch nicht mächtig war. Gegen den Wunsch meiner Eltern, ich möge das Lesen und Schreiben lernen, sträubte ich mich derart, daß sie den Mut, mich auch noch ein Musikinstrument lernen zu lassen, nicht aufbrachten.

Mein Vater war durch einen länger andauernden Unterricht in die Illusion versetzt worden, er könne Violine spielen. Er besaß auch ein solches Instrument, das er 1916 während des Rumänienfeldzuges einem Sinti oder Roma abgekauft hatte – in der Überzeugung, ein gutes Geschäft gemacht zu haben. Dies dachte der Verkäufer auch, und so waren beide Seiten zufrieden, ein Zustand, der im Handel öfter vorkommt, als man denken würde. 1945 fand ein offenbar sachkundiger amerikanischer Soldat den Violinkasten meines Vaters, öffnete ihn mit einem Messer und verzichtete nach Prüfung des Inhalts darauf, das Instrument mitzunehmen.

Meine Mutter rühmte sich, das Klavierspiel erlernt zu haben. Ich zweifle daran nicht, hörte sie aber nie spielen, weil mein Vater das großelterliche Klavier seiner Schwester abgetreten hatte, so daß (beziehungsweise damit) keines im Haus war, auf dem meine Mutter sich als Pianistin hätte verwirklichen können. Die Schwester meines Vaters, meine Tante Helene, war neben ihrem Bruder Gerhard die musisch Begabteste in der Familie. Sie hatte im Dritten Reich ihre Stelle als Lehrerin verloren und war deshalb oft bei uns. Sie versuchte erst gar nicht, mich zu einem Musiker zu machen, sondern beschränkte sich darauf, mir den Wohlklang klassischer Gedichte von Schiller, Uhland und Hauff nahezubringen. Goethes „Faust“ kannte sie auswendig, verzichtete aber darauf, das zu demonstrieren. Auch in Richard Wagners Opernwelt kannte sie sich gut aus, freilich ohne in den Zustand der Anbetung zu verfallen, der oft bei echten Wagnerianern anzutreffen ist.

Ich bin erst spät auf dem Felde der Kultur produktiv geworden. Vor einer Tätigkeit auf der Bühne hat mich mein Lispeln bewahrt und der Zwang, Texte auswendig zu lernen, abgeschreckt. Deshalb stand ich auch für Theateraufführungen der Schule nicht zur Verfügung – mit einer Ausnahme, welche die Ursache für meine künftige Zurückhaltung war. In meiner Potsdamer Schule beschloß der Schulleiter, daß unsere Klasse in der Adventszeit ein Krippenspiel aufführt. Ich war so schlau, den Text zu lesen, bevor ich mich für eine Rolle entschied und entschloß mich dann, den heiligen Josef darzustellen, da dieser außer „Ja, Maria" nichts zu sagen hatte. Meine Eltern fanden, ich hätte doch gleich Ochs oder Esel wählen sollen, weil diese gar nichts sagten.

Ich hatte jedoch bei meiner Wahl vergessen, daß ich aufmerksam den Ablauf verfolgen mußte, um mein Stichwort nicht zu versäumen. Genau das widerfuhr mir aber, so daß ich erst nach Aufforderung mein „Ja, Maria" anbringen konnte. Dies über-

zeugte mich, daß ich als Schauspieler Ruhm nicht würde ernten können.
Beinahe wäre ich in meinen jungen Jahren Präsident des Deutschen Bühnenvereins geworden. Aber mein schwäbischer Dialekt, der „Bühne“ als „Biehne“ ausspricht, hätte mich der Vermutung ausgesetzt, ich sei ein Imker und freute mich, wenn ich zu Weihnachten Bienenschwärme geschenkt bekäme. Es gibt Übertragungen klassischer Gedichte in verschiedene Dialekte, die, vor allem im schwäbischen und sächsischen Dialekt, einprägsamer sein können als die Urversionen. Ich habe auf den mir vertrauten Dialekt verzichtet, denn meine Botschaft richtet sich an den ganzen deutschen Sprachraum, der durch die Rechtschreibevielfalt zu verfallen droht, wenn die Autorität der Dichter weiter schwindet.

Auch als bildender Künstler hatte ich keine Chance. Schon als Schüler habe ich Portraits gezeichnet, die Aufsehen erregten, weil sie nichts anderes als damals noch unabsichtlich entstandene Karikaturen waren. Eines meiner frühen Werke zeigte meinen Vater, der damals Major oder Oberstleutnant war, in Uniform. Ursprünglich wollte ich ihn auf seinem Pferd sitzend darstellen. Aber ich erkannte rechtzeitig, daß sich das Pferd schwerer darstellen läßt als er, verzichtete auf den Vierbeiner und porträtierte ihn als Fußgänger. Zunächst hatte er nichts in den Händen. Das störte mich. Deshalb ließ ich ihn, seinem Beruf entsprechend, mit der rechten Hand einen großen Säbel tragen. Aber da war noch die andere Hand, die auch nicht müßig sein sollte. Mit dieser ließ ich ihn einen mit Kohlen beladenen Leiterwagen ziehen. Als das Bild meiner Einschätzung nach den erreichbaren Grad von Vollkommenheit erlangt hatte, zeigte ich es meiner Mutter. Diese verwirrte es und sie fragte mich indigniert, ob ich jemals meinen Vater in Uniform mit einem Säbel und einen Leiterwagen voll Kohle gesehen hätte.

Das ist die typische Reaktion eines unerfahrenen Kunstbetrachters auf ein Kunstwerk: Er vermag nicht zu erkennen, wie stark das Innenleben des Künstlers vom Unterbewußtsein bis zum Über-Ich am Kunstwerk beteiligt ist, so daß er eine präzise Auskunft über Sinn und Absicht des von ihm geschaffenen Werks schuldig bleiben muß. Mich ergriff eine Vorahnung, wie schwer es einem Maler oder Bildhauer fällt, mit seinem Publikum, vor allem aber mit seinen Kritikern zurecht zu kommen. Ich sollte dies in reiferen Jahren am eigenen Leibe erfahren, als ein Kunstprofessor mir schrieb, meine Begabung reiche nicht einmal für die Aufnahmeprüfung in einer Fachhochschule für das graphische Gewerbe aus, weshalb ich meine Versuche auf dem Felde der bildenden Kunst einstellen solle. Das hat mich getroffen, zumal ich schon seit Jahren, während ich Sitzungen leitete, durch das Zeichnen von Gesichtern, Figuren und abstrakten Themen trainiert hatte. Aber ich legte den Filzstift weg und zeichnete nicht mehr.

Diesen Verzicht erleichterte mir ein Erweckungserlebnis, das ich Jahre zuvor auf einem ganz anderen Gebiet hatte. Ich wurde nämlich von der Muse geküßt, das heißt in mir spürte ich plötzlich ein inneres Bedürfnis, Gedichte zu schreiben. Zunächst wurde meine dichterische Tätigkeit zwar belächelt, doch von der Familie toleriert, ja sogar mit Wohlwollen aufgenommen. Denn ein Dichter bleibt im allgemeinen daheim, wenn andere draußen herumlaufen, und bringt keinen Schmutz ins Haus. Wenn ich jedoch versuchte, Gedichte vorzulesen, erschien ein gehetzter Ausdruck auf den Gesichtern, jeder murmelte eine andere Ausrede, und ich saß allein da. Ein Dichter braucht aber ein Publikum. Da entschloß ich mich, meine Gedichte zu veröffentlichen. Das ließ mich zunächst in einen Abgrund blicken. Freunde, die meine Dichtkunst gelobt hatten, äußerten sich auf einmal zurückhaltend. Meine Frau meinte sogar, ich sei durch meinen Aufenthalt im Rathaus davor geschützt, Kritik anhören zu müssen, während sie jeden Wochentag zum Einkaufen gehe, wobei ihr Bürgerinnen und Bürger sagen würden, was von meinen Gedichten zu halten sei.

Aber die Leidenschaft des wahren Poeten schreckt vor nichts zurück, das Buch erschien, erlebte vierzehn Auflagen, und ich war eine Zeitlang Deutschlands meist gekaufter Dichter. Meine Frau beschränkte sich auf einige kulturpessimistische Anmerkungen und fand sich mit dieser Gegebenheit ab. Die Feuilletons der großen Zeitungen haben meine Gedichte freilich noch nicht ausreichend gewürdigt. Wahrscheinlich warten sie, wie das bei uns Deutschen üblich ist, bis ich gestorben bin, um mich, nachdem einige weitere Jahre verflossen sind, um so mehr zu feiern. Darauf freue ich mich schon jetzt.

Was ich jetzt noch erhoffe ist, daß in unserem Volk das Bedürfnis zu dichten wieder erwacht, immer stärker wird und schließlich die geistigen Hohlräume ausfüllt. Wie jeder napoleonische Grenadier einst den Marschallstab in seinem Tornister trug, so trägt fast jeder/jede die Befähigung zum Dichter in seiner/ihrer Tasche. Wer dichtet, ist zunächst einmal auf harmlose Art geistig beschäftigt, und zwar ohne daß ins Gewicht fallende Kosten entstünden. Wo sonst gibt es das heute noch?

Es ist unsere Pflicht, nach Kräften zum Fortleben unserer literarischen Kultur beizutragen, der vergangenen wie der zukünftigen. Denn die frühere Dichtkunst läuft Gefahr, tot und ungelesen in den Bücherschränken zur letzten Ruhe gebettet zu werden. Schon jetzt gibt es in Wohnungen bürgerlicher Familien kein sichereres Geldversteck als die Werke von Schiller, Goethe, Wieland, Hölderlin, Uhland usw., weil man sich darauf verlassen kann, daß keiner ein solches Buch in die Hand nimmt. So werden die Impulse immer schwächer, welche die frühere Dichtkunst der gegenwärtigen und künftigen geben kann, bis sie ganz aufhören.

Moderne lyrische Texte entstehen dadurch, daß Wörter gestrichen und Gedanken eingefügt werden. Wer solche Texte lesen will, versucht das einmal, zweimal oder dreimal, ohne Erfolg, er ist zwar frustriert, aber womöglich auch stolz darauf, daß er etwas Unverständliches zu verstehen versucht hat. Er glaubt zu wissen, es sind Gedanken da, aber er erkennt und versteht sie nicht. Er legt das Buch weg, schaltet im Fernsehen das nächste Fußballspiel ein und ist für die Dichtkunst verloren. Eines Tages erlischt sie und mit ihr die deutsche Kultur.

Mir war die Lust an der Unverständlichkeit und der Stolz auf sie immer unheimlich. Wenn ich unverständlich bin, dann deshalb, weil es nichts zu verstehen gibt. Wer eines meiner kurzen Gedichte liest und beim ersten Versuch keinen Sinn findet, kann sich darauf verlassen: Es ist auch keiner drin. Ich habe dadurch einen Beitrag geleistet, damit Vertrauenswürdigkeit und Verläßlichkeit der Dichtkunst wieder hergestellt werden können. Wer Sinn vermißt, wo keiner ist, der soll ihn eben selbst mitbringen. Wenn alle Ab- und Unterarten des Sinns, wie Unsinn, Schwachsinn, Trübsinn, Eigensinn, einbezogen werden, dann herrscht eher Überfluß als Mangel.

Es geht um eine Grundfrage der Erkenntnis. Als Student stellte ich in einer Kunstausstellung vor einem abstrakten Gemälde eine für Banausentum typische Frage: Was soll denn das sein? Eine kunstsinnige Dame antwortete sofort mit der Gegenfrage: Muß denn alles etwas sein? In der Tat: Wenn der Künstler mit Worten ausdrücken könnte, was sein Werk sagen will, dann hätte er es gesagt und sich die Mühe der Herstellung des Werkes erspart. Was ist der Sinn der Venus von Milo? Die ist halt schön. Das langt doch. Was in der bildenden Kunst gilt, gilt auch in der Dichtkunst.

Eines meiner ersten Gedichte lautet:

## Der Eichbaum

Den Eichbaum läßt der Bauer fällen,
er braucht jetzt Geld für Dauerwellen.

Die Sinnfrage ist hier unsinnig. Aber der Reim ist einzigartig:" Dauerwellen" und „Bauer fällen", ein Wohlklang, den die deutsche Sprache nur selten hergibt.

Dichten ist nicht so schwer, wie es scheint. Ich empfehle mit der Herstellung von kurzen Gedichten zu beginnen. Diese brauchen wenig oder gar keinen Sinn, aber sie sollten sich reimen. Kaufen Sie sich ein Reimlexikon. Dann brauchen Sie sich nicht den Kopf zermartern, um einen Reim zu finden. Die Zahl der Silben in den Zeilen sollte in etwa übereinstimmen, auch die Betonung. Diese kann, vor allem im Schwäbischen, gewaltsam stimmend gemacht werden. Das klingt sogar originell, wenn es gekonnt geschehen ist.

Ich apelliere an Sie, werden Sie Dichter. Schalten Sie den Fernsehapparat aus, schreiben Sie, ergreifen und behalten Sie das Wort, wo immer möglich, auch wenn Sie sich am Ende allein im Raum befinden. Üben Sie sich im Reimen. Besonders schön ist, wenn sich Wörter mit mehreren Silben reimen wie im Gedicht vom Eichbaum. Weitere Beispiele:

Das Volksfest ist ein Massenspaß,
doch gibt's dort manchmal Klassenhaß.

Stets war er zum Lieben parat
dank frisch geriebenem Rübensalat.

Wenn der Reim nicht ganz harmoniert wie hier (Spaß und Haß sowie Lieben und Rüben), lassen Sie sich deshalb keine grauen Haare wachsen, wenn Sie das Glück haben, ein Schwabe zu sein, denn im Schwäbischen klingen fast alle Vokale gleich.

Aufrichtigkeit sei Ihr oberstes Prinzip, auch wenn Sie anderen weh tut. Fangen Sie mit gereimten Eintragungen in Gästebücher und mit Tauf- und Hochzeitsgedichten an und lassen Sie zunächst die Finger von Grabgesängen. Bei Taufgedichten ist angesichts der Empfindlichkeit und Rührseligkeit der Eltern Zurückhaltung mit offener und versteckter Kritik an Aussehen und Begabung des Kindes geboten. Bei Hochzeitsgedichten jedoch können Sie durchaus etwas härter zulangen, Sie müssen es sogar, wenn Ihr Gedicht Beachtung finden soll. Zum Beispiel sollte ein fortgeschrittenes Alter von Braut und Bräutigam nicht unerwähnt bleiben oder ein größerer Altersunterschied oder eine besondere Neigung. Beispiele hierfür sind:

Des Himmels güt'ge Fügung preis ich,
die Braut, die ist schon achtunddreißig.

Nach vielen Wochen, Tagen, Stunden,
hat sich jetzt eine Braut gefunden,
die in ihr Schicksal treu ergibt sich.
Der Bräutigam ist achtundsiebzig.
Schon bald tritt wohl der Erbfall ein,
drum lohnt sich's heute, Braut zu sein.

Das Brautpaar streitet sich seit Tagen.
Beide wollten das Brautkleid tragen.

Der Dichter erfreut sich nicht nur der allgemeinen Freiheit, sondern er steht auch unter dem Schutz der Kunstfreiheit. Er kann also bedenkenlos heiße Themen anpacken und auf Kosten anderer Frohsinn verbreiten.

## Beispielhafte Gedichte

### Alternative Landwirtschaft

Der Hahn kräht auf dem Küchenschrank.
Das Schwein schnarcht auf der Ofenbank.
Der Hofhund bellt, als wär' er toll,
weil er bloß Müsli fressen soll.
Die Hennen wollen auch was haben.
Sie nähren sich von Küchenschaben.
Der Landwirt tritt auf einen Rechen
so daß ihm gleich zwei Zähne brechen.
Die Bäuerin ist voller Schmutz.
Nicht waschen dient dem Umweltschutz.
Vielleicht der Frühsport es vollbringt,
daß der allergrößte Dreck abspringt.
Der Stallhas hüpft herum behende.
Am Sonntag geht's mit ihm zu Ende.
Ein Kuhflad klebt fest an der Wand.
Grüßt herzlich dich aus Ökoland.

### Abstammung

Ob Kaiser von Rom
oder alter Germane,

der Affe ist
ihr gemeinsamer Ahne.

Diese Verwandtschaft gefällt nicht jedem. Ein Vater soll die Frage seines Sohnes, ob wir vom Affen abstammen, damit beantwortet haben: „Du schon, ich aber nicht!" Verwandtschaft schützt nicht davor, von einem Verwandten aufgefressen zu werden.

## Guten Appetit!

Mit Quark hat einer – ungelogen –
einen kleinen Bären aufgezogen.
Doch bald schon hat der Bär entdeckt,
daß ihm der Tierfreund besser schmeckt.

## Kanadische Idylle

Zwei Grizzlybären mit ihren Tatzen
emsig an der Haustür kratzen.
Der Jungbär sprach zu seiner Mutter:
Der Mensch ist unser liebstes Futter!
Die Mutter sprach: Dazu gehören,
Spätzle, Soß und Preiselbeeren.

## Vom Sinn des Lebens

Immer werden
die Alten geplagt
und von der Jugend
nach ihrem Wissen befragt.

Ein Altkrokodil wärmt
in der Sonn seine Knochen,
da kommt ein Jungkrokodil
herbei gekrochen.

Und stellt dem Altkrokodil
die blöde Frage,
ob das Leben einen
Sinn wohl habe.

Dieses dachte
emsig nach,
bevor es folgende
Worte sprach:

„Der Sinn und Zweck,
daß sich die Fische vermehren
ist, daß sie
die Krokodile ernähren.

Und der Fische wären
viel zu viele,
wenn die nicht fräßen
die Krokodile.

So hat alles auf Erden
seinen Platz,
und nun laß mich in Ruhe,
mein kleiner Schatz!“

## Schlaflos

In schlafloser Nacht
voll Zagen und Bangen,
versuchte er weiße
Mäuse zu fangen.
Zwar konnte sein Versuch
sich niemals lohnen.
Doch brauchen wir Menschen
mit solchen Visionen.

## Fangt an!

Die Moral läßt sich
nicht noch mehr verwässern,
ihr lieben Bürger,
ihr solltet euch bessern.
Fangt gleich damit an,
doch nur gemach!
Erst wenn ihr am Ziel seid,
folge ich nach.

## Politischer Rat

Ihr Freunde, seid nicht so verdrossen,
seid lieber wieder mal geschlossen.
Wenn ihr auch nicht recht wißt wozu,
Geschlossenheit gibt Seelenruh.

## Parteiprogramm

Wer nicht Löwe, sondern Lamm
benötigt ein Parteiprogramm.
Ja nicht soll er selber denken,
das Programm soll ihn stets lenken,
damit er treu und akkurat
diene als Parteisoldat.

## Der Zwischenrufer

Wütend rief er in den Saal:
Wo sind noch Anstand und Moral?
Der Redner zögerte geschwind,
doch wußt' er auch nicht, wo sie sind.

## Liebe und Irrtum

Die deutsche Kultur,
man muß sie halt lieben,
besonders den Schiller,
der den Hamlet geschrieben.
Wenn der giftige Pfeil
in den Apfel rein saust,
gibt's im Publikum keinen,
dem es nicht graust.

## Schutz vor der Informationsflut

Oh heiliger St. Fridolin
sei so nett
geleite mich im Internet.
Und führ' mich bitte nirgends hin,
wo mir verwirrt Verstand und Sinn.
Führ' mich bitte wieder raus
und schalte den Computer aus.

## Das Ende

Auf dem Ast sitzt eine Eule.
Sie sitzt dort schon eine ganze Weile.
Nunmehr klatsch ich in die Hände,
Eule weg, Gedicht zu Ende.

## Armes Vaterland

Mit verwirrtem Verstand
und gemischten Gefühlen
sitzt das Vaterland
zwischen sämtlichen Stühlen.
Groß ist der Schaden,
die sollen sich schämen,
die ihm geraten,
dort Platz zu nehmen.

## Eine Fernsehmoritat

Sonntags war er frommer Christ,
werktags war er Masochist
und wie andre gehen ins Dampfbad
ging er Freitags in die Altstadt.

Dort ließ er sich mit lautem Stöhnen
von einer Domina verwöhnen.
Sein Töchterlein studiert angeblich,
Volkswirtschaft, das klingt doch löblich.

In Wahrheit aber, auf die Schnelle,
macht sie Kasse im Bordelle.
Eines Tags im Januar
erkrankte dort die Domina.

Rief an das liebe Töchterlein,
ob es nicht wollte springen ein.
Das Töchterlein war gleich bereit,
es brauchte Geld und hatte Zeit.

Sie fand den Masochismus schlimm
und schwang die Peitsche voller Grimm,
zur Zufriedenheit der Kundenschar
unter welcher nun ihr Vater war.

Beide hatten nicht gedacht,
daß auch der andere so was macht.
„Auf die Knie!“ schreit sie dramatisch.
Der Vater tut’s, schon ganz apathisch.

Ich fragte sie an des Vaters Stelle:
„Wie kommst denn du in das Bordelle
statt dem Studium der Volkswirtschaft,
zu widmen deine Jugendkraft?"

Der Verfasser war am Schluß
so gerührt wie Apfelmus
wegen der rührsel'gen Pracht,
die er sich hat ausgedacht.

## Chant des pèlerins

Ma pauvre gorge sèche de poussière
a besoin d'une grande bière.
Si elle manque, c'est très fatal
on se débrouille d'eau minérale.
Oh Sainte Vierge, pleine de grâce
fais que cela ne point se passe
et donne au pauvre pèlerin
au lieu de l'eau une cruche de vin.

## Segensreiche Bahn

Bevor die Eisenbahn erfunden
war'n die Menschen ortsgebunden.
Jeder blieb am gleichen Platz.
Suchte sich dort seinen Schatz.
Inzucht war nicht zu vermeiden,
und das Erbgut mußte leiden.
Vielerorts erklingt Gestotter,
ererbt von Vater oder Motter.
Längst hat die Bahn das Volk vermischt
und ohne Inzucht aufgefrischt,
dank uns'rem Herrgott in der Höh.
Es lebe hoch die Bahn-AG!

# SCHWARZER HUMOR

## Für Lebensfrohe

Klopft der Tod an deine Tür,
rufe laut: „Ich bin nicht hier!
Meiner Nachbarin hingegen,
käm wohl dein Besuch gelegen.“

## Der Schiffbrüchige

Hätte er sich nicht
so tapfer gewehrt.
Hätten ihn glatt
die Krokodile verzehrt.

Doch ging er verlustig
des rechten Beins.
Das war nicht so schlimm,
denn er hatte noch eins.

## Verstehen Sie Spaß?

Menschen, welche Spaß verstehn
sogar dem Tod ins Auge sehn.
Statt zu bremsen gab er Gas,
für alle war's ein Heidenspaß.

Den Ersten, mit dem er zusammenstieß,
die Seele auf der Stell verließ.
Vor lauter Spaß noch laut er lachte,
als Petrus ihm die Tür aufmachte.

Als er nach sechs Wochen glücklich genas,
da fragte man ihn: „Verstehen Sie Spaß?"
„Ja", rief er da aus und sprang aus dem Bett,
im Glauben, daß er seine Beine noch hätt.

## Weltuntergang

Geht unsere Welt unter,
dann soll's dir gelingen,
frisch und munter
beiseite zu springen.

## In Verlegenheit

Das Schwierigste bei einem Mord
ist der Leiche Abransport.
Schleppt man sie in einem Sack?
Nimmt man sie gar huckepack?
Solche Fragen, stellt sich quälend,
der Mörder, seine Beute zählend.

## Gott spricht:

Ihr zweifelt an meiner Existenz?
Habt ihr euch denn selber geschaffen?
Es wundert mich nicht, daß ihr das denkt,
ihr Abkömmlinge der Affen.

## Ein guter Vater

Hier ist mein Rad.
Vom Roste befrei' es.
Dann ist es dein.
Ich hab' schon ein neues.

## Ein fleißiger Fürst

Die Männer von Birkach
durften Kinder nicht zeugen.
Das besorgte statt ihrer
der Herzog Karl Eugen.
Fast jeder war mit
dem Herzog verwandt.
Das stärkte die Liebe
zum Vaterland.

## Wenn nur die Fahne weht

Die Fahne stolz im Winde weht.
Ihr Träger weiß nicht, wohin es geht.
Da viele liefen hinterdrein
dacht' er, der Weg müßt richtig sein.
Wo einer blind vertraut dem andern
kann man nur in die Irre wandern.
Als der Fahnenträger das erkannt,
lehnt er die Fahn' an eine Wand
und verschwand.

## Hochwasser

Der Regen strömt nieder
es gluckert der Rhein,
es wird doch nicht wieder
mal Hochwasser sein?

## Ben Laden

Ben Laden hat ganz raffiniert
seinen langen Vollbart abrasiert.
Wenn er jetzt noch
den Burnus auszieht,
dann weiß niemand,
wie er aussieht.
Die Polizei ist sehr ergrimmt,
weil das Fahndungsphoto nicht mehr
stimmt.
Den bösen Streich fügte Ben Laden
hinzu den andren Schofeltaten.

## Büttenredner

Am Rosenmontag stand ich in der Bütt
das Publikum aber ging einfach nicht mit.
Ich gab nicht auf, und nach zehn Stroffe,
waren die meisten im Saale eingeschloffe.
Als ich aufhörte, hat es heftig gerumst,
Hundert Narren sind von ihren Stühlen
geplumpst.

## Anmerkungen zu Parzivals Jugend

Seine Mutter Herzeleide
hatt' an ihm nur wenig Freude.
Kurz nur ihn die Schulbank drückt
alsbald da ist er eingerückt.
Da nichts gelernt im Unterricht,
schafft er die mittlere Reife nicht.

## Berufswahl

Nach seinen Lebensplänen befragt,
hat Parzival Herzeleide gesagt:
„Ich höre schon der Rosse Hufschall.
Das Rittertum ist mei Berufswahl."
Die Mutter meinte ziemlich bitter:
„Du wirst Postbot' und nicht Ritter.
Statt von Schwert und Spieß zerrissen,
wirst du dort nur vom Hund gebissen.
Und überdies: Der Pfefferspray,
macht dich von jedem Kläffer frei!"

## Parzival bringt den Speer zurück

Der heilige Speer könnt' jederzeit
den Amfortas heilen
würd' er nicht hinter Klingsors Schrank
seit geraumer Zeit verweilen.

Der Garten der Lüste
war Amfortas nicht bekommen,
sogar den heiligen Speer
hat man ihm dort abgenommen.

Parzival brauchte
keine weiteren Details,
das liegt auch im Interesse
seines ewigen Heils.

Parzival konnte
fast nicht erwarten
den Besuch bei Klingsor
im Zaubergarten.

An den dortigen Damen
war er nicht interessiert,
so ist er schnurstracks
zu Klingsor marschiert.

Klingsor kam in raschem Lauf
und schleudert seinen Speer.
Doch Parzival, der fing ihn auf
und gab ihn nicht mehr her.

Parzival zur Gralsburg ritt
den heiligen Speer brachte er gleich mit.
Gab ihn Amfortas in die Hand,
Beendet war dessen Krankenstand.

## Erotik in Wagners Ring

Man mag Richard Wagner schätzen
und lieben.
Seine erotische Deutung
ist übertrieben.
Hätten die Nornen die Fäden
des Schicksals verlängert
hätte Wotan noch weitere
Damen geschwängert
ohne sich
um das klägliche Wimmern
seiner illegitimen
Enkel zu kümmern.

## Umdichtungen

Nietzsche schreibt in „Menschliches, allzu Menschliches“: „Der Philosoph glaubt, der Wert seiner Philosophie liege im Ganzen. Die Nachwelt findet ihn im Stein, mit dem er baute und mit dem, von da an, noch oft und besser gebaut wird. Also darin, daß jener Bau zerstört werden kann und doch noch als Material Wert hat.“
Und Bertolt Brecht bemerkt: „Was die klassischen Stücke am Leben erhält, ist der Gebrauch, der von ihnen gemacht wird, selbst wenn es ein Mißbrauch ist.“
Wenn zwei bedeutende Männer mit unterschiedlichem politischem Hintergrund dasselbe sagen, muß es stimmen.

Vor die Wahl gestellt, die Kultur entweder sterben zu lassen oder umzuändern, müssen wir uns für den Wandel entscheiden. So denken jedenfalls die fortschrittlichsten Menschen, die es in unserer Gesellschaft gibt, nämlich die Theatermacher. Die Neuinszenierung eines klassischen Stückes ist dann erfolgreich, wenn die Zuschauer nach dem ersten Akt an Hand des Theaterzettels nachprüfen, ob sie sich im Datum geirrt haben und im falschen Stück sind.

Nicht nur Neues muß gedichtet werden, sondern die alten Gedichte müssen umgedichtet, das heißt, an die heutigen Bedürfnisse angepaßt werden. Zahlreiche Gedichte sind viel zu lang, um in unserer rastlosen Zeit gelesen zu werden, viele haben von modernen Themen wie Frauenemanzipation und Umweltschutz noch keine Ahnung, viele sind brutal und blutrünstig oder unsinnig geworden.

Hier hebt sich heraus das Volkslied „Drei Lilien", in dem der Leichnam die Grabpflege übernimmt und einen Reiter beschimpft, weil der drei Lilien pflückt, die der Leichnam dort gepflanzt hat.

**Drei Lilien**

Drei Lilien, drei Lilien,
die pflanzt' ich auf mein Grab,
Da kam ein stolzer Reiter
Und brach sie ab.

Ach Reitersmann, ach Reitersmann,
Laß doch die Lilien stehn,
Die soll ja mein Feinsliebchen
Noch einmal sehn.

Was schert mich denn dein Liebchen,
Was schert mich denn dein Grab!
Ich bin ein stolzer Reiter
Und brech' sie ab.

Und sterbe ich noch heute,
So bin ich morgen tot,
Dann begraben mich die Leute
Ums Morgenrot.

Ums Morgenrot, ums Morgenrot
Will ich begraben sein;
Dann ist ja mein Feinsliebchen
So ganz allein!

Ich schlage vor, den veralteten Reiter durch einen Biker zu ersetzen und das Gedicht wie folgt zu fassen:

## Drei Lilien

*Manfred Rommel*

Drei Lilien drei Lilien
die blühten auf einem Grab.
Da kam daher ein Biker
und brach sie ab.

Mit seiner schweren Honda
stört er die Friedhofsruh,
da hielten selbst die Toten
sich beide Ohren zu.

Er wollt der Liebsten bringen
wohl einen Blumenstrauß
und dacht, für die paar Blumen
geb ich kein Bargeld aus.

Die Liebste war erschüttert
als sie hiervon erfuhr.
Der Kerl ist wirklich schäbig,
von Anstand keine Spur.

## Der Olympier und die Frauen

Daß unser Wolfgang von Goethe die Damen schätzte, und zwar nicht nur leiblich, sondern auch geistig, wird jedem bewußt, der ein Taschenbuch mit einigen Kostproben aus seinen Werken besitzt und etwa die Hälfte des Textes gelesen hat. Aber hat er die Frauen auch auf gleicher Augenhöhe mit den Männern gesehen? Daran sind Zweifel angebracht. Im Verlauf meiner hermeneutischen Forschungen bin ich darauf gekommen, das jeweilige Frauenbild eines Angehörigen der männlichen Spezies danach zu bewerten, in welcher Relation in einem Text die Verwendung männlicher und weiblicher Hauptwörter steht. Der Vorteil dieser Methode ist, daß sie jeweils im Zeitpunkt der Abfassung des Textes zu berechenbaren Ergebnissen führt, Ergebnisse könnten vielfältig untereinander, zur Zeit und zu externen Umständen in Bezug gesetzt werden und so für Dissertationen nützliche Grundlagen liefern. Im konkreten Fall kann das Ergebnis erschreckend sein, wie im Falle des Goetheschen Gedichts Wanderers Nachtlied („Über allen Gipfeln ist Ruh“): Ich habe, als es mir bekannt wurde, sofort versucht, durch ein Alternativgedicht den Mangel zu korrigieren und meine, daß es mir auf derselben Augenhöhe gelungen ist. Wenn Goethe wieder zum Leben erwachte, er würde sagen: „Lieber Rommel, ich bin Ihnen dankbar!" Dessen bin ich sicher.

**Wanderers Nachtlied**
*Johann Wolfgang von Goethe*

Über allen Gipfeln ist Ruh
über allen Wipfeln spürest du
kaum einen Hauch.
Die Vöglein schweigen im Walde
warte nur, balde,
ruhest du auch.

*Manfred Rommel*

Über allen Spitzen ist Ruh.
Bei aller Hitzen spürest du
kaum eine Brise.
Die Tauben schweigen im Walde
warte nur, balde,
kommst auch du in die Krise.

**Anmerkung Goethe:**
5 männliche Hauptwörter:
Der Gipfel
Der Wipfel
Der Hauch
Der Vogel
Der Wald

Nur 1 weibliches.
Die Ruhe

**Anmerkung Rommel:**
6 weibliche Hauptwörter
Die Spitze
Die Ruhe
Die Hitze
Die Brise
Die Taube
Die Krise

Nur 1 männliches.
Der Wald

## Der gefährdete Lindenbaum

Ein drastisches Beispiel für das Fehlen jedes Gefühls für den Umweltschutz ist das Lied „Am Brunnen vor dem Tore“, das es für selbstverständlich hält, daß an lebenden Bäumen herumgeschnitzt wird. Ich wollte eigentlich bei der Kultusministerkonferenz beantragen, das Lied aus allen Schulbüchern zu entfernen, entschied mich dann aber doch für eine Ergänzung durch zwei Pflichtverse.

### Der Lindenbaum

*Wilhelm Müller*

Am Brunnen vor dem Tore,
da stand ein Lindenbaum.
Ich träumt in seinem Schatten
so manchen süßen Traum.
Ich schnitzt in seine Rinde
so manches liebe Wort.
Es zog in Freud und Leide
zu dir mich immerfort.

## Zusätzliche Pflichtverse

Ich bin kein Ökologe.
Drum wußt' ich's besser nicht.
Als besser ich's dann wußte,
bereut ich's fürchterlich.
Wie konnt' ich Rindvieh schnitzen
in des Baumes dicke Haut?
Wenn ich nur daran denke,
es vor mir selber graut.

Die Landschaftsschutzverordnung
verbietet solche Tat.
Erklärt den zum Kriminellen,
der die begangen hat.
Mein Schweizer Taschenmesser
warf ich ins tiefe Meer
und bald stürz' ich mich selber
mit Kopfsprung hinterher.

## Des Sängers Fluch

Dieses Gedicht wird oft von jenen, die sich in der deutschen Dichtkunst nicht sonderlich gut auskennen, aber sich das nicht eingestehen, in Schillers Werken gesucht. Dort ist es aber noch nie gefunden worden, denn es entfloß der Feder von Ludwig Uhland. Es gehört zu den blutrünstigen Gedichten, die wir heute nicht mehr brauchen können, solange das Fernsehen den Bedarf nach Grausamkeiten zu befriedigen imstande ist. Der Inhalt der Uhlandschen Fassung: Ein älterer und ein junger Sänger präsentieren sich auf einem Fürstenhof und tragen dort ihr Repertoire so ergreifend vor, daß die Fürstin von Rührung übermannt, dem Jüngeren, der ihr wahrscheinlich zugeblinzelt hatte, eine Rose zuwirft, die ihr Gewand schmückte. Der Fürst, dessen musikalisches Niveau die „blauen Dragoner" mit Schwanz nicht überschritt, merkte das und war sehr verstimmt. Anstatt dem Sänger, wie das damals üblich war, bloß einen abgenagten Kalbsknochen an den Kopf zu werfen, schleuderte er spitzen Stahl, tötete den jungen Mann und erklärte die Musikdarbietung für beendet. Der ältere sagte zunächst gar nichts und verließ mit dem Leichnam das Schloß. Als er draußen war, fing er in altschwäbischer Tradition zu wettern und zu fluchen an: „Du Saukerle, du drecketer, wenn doch glei alles verrecke dät!" vielleicht auch: „Wenn jetzt nur der Teufel käm!“ Dieser Fluch erfüllte sich. Das Fürstengeschlecht ist vergessen und die Burg zerfallen. Irgendwelche strafrechtliche Folgen sind nicht eingetreten. So etwas dürfen wir unserer Jugend nicht zumuten. Deshalb habe ich eine Neufassung erstellt, in der dem jungen Mann gar nichts passiert. Um dies sicherzustellen kommt er bei mir gar nicht vor. Es wird auch niemandem zugeblinzelt, sondern der Fürst handelt so, wie ein moderner Opernchef, Musikdirektor oder Kritiker in ähnlichen Fällen gerne handeln würde.

**Des Sängers Fluch**

*Ludwig Uhland*

Es stand in alten Zeiten ein Schloß,
so hoch und hehr,
Weit glänzt' es über die Lande
bis an das blaue Meer,
Und rings von duft'gen Gärten
ein blütenreicher Kranz,
Drin sprangen frische Brunnen
in Regenbogenglanz.

Dort saß ein stolzer König,
an Land und Siegen reich,
Er saß auf seinem Throne
so finster und so bleich;
Denn was er sinnt, ist Schrecken,
und was er blickt, ist Wut,
Und was er spricht, ist Geißel,
und was er schreibt, ist Blut.

Einst zog nach diesem Schlosse
ein edles Sängerpaar,
Der ein' in goldnen Locken,
der andere grau von Haar;
Der Alte mit der Harfe,
der saß auf schmuckem Roß,
Es schritt ihm frisch zur Seite
der blühende Genoß.

Der Alte sprach zum Jungen:
„Nun sei bereit, mein Sohn!
Denk' unsrer tiefsten Lieder,
stimm' an den vollsten Ton!
Nimm alle Kraft zusammen,
die Lust und auch den Schmerz!
Es gilt uns heut, zu rühren
des Königs steinern Herz."

Schon stehn die beiden Sänger
im hohen Säulensaal,
Und auf dem Throne sitzen
der König und sein Gemahl;
Der König furchtbar prächtig,
wie blut'ger Nordlichtschein,
Die Königin süß und milde,
als blickte Vollmond drein.

Da schlug der Greis die Saiten,
er schlug sie wundervoll,
Daß reicher, immer reicher
der Klang zum Ohre schwoll;
Dann strömte himmlisch helle
des Jünglings Stimme vor,
Des Alten Sang dazwischen
wie dumpfer Geisterchor.

Sie singen von Lenz und Liebe,
von sel'ger, goldner Zeit,
Von Freiheit, Männerwürde,
von Treu' und Heiligkeit;
Sie singen von allem Süßen,
was Menschenbrust durchbebt.
Sie singen von allem Hohen,
was Menschenherz erhebt.

Die Höflingsschar im Kreise
verlernet jeden Spott,
Des Königs trotz'ge Krieger,
sie beugen sich vor Gott;
Die Königin, zerflossen in Wehmut
und in Lust,
Sie wirft den Sängern nieder
die Rose von ihrer Brust.

„Ihr habt mein Volk verführet,
verlockt ihr nun mein Weib?"
Der König schreit es wütend,
er bebt am ganzen Leib,
Er wirft sein Schwert, das blitzend
des Jünglings Brust durchdringt,
Draus statt der goldnen Lieder
ein Blutstrahl hochauf springt.

Und wie vom Sturm zerstoben
ist all der Hörer Schwarm.
Der Jüngling hat verröchelt
in seines Meisters Arm,
Der schlägt um ihn den Mantel
und setzt ihn auf das Roß,
Er bind't ihn aufrecht feste,
verläßt mit ihm das Schloß.

Doch vor dem hohen Thore,
da hält der Sängergreis,
Da faßt er seine Harfe,
sie, aller Harfen Preis,
An einer Marmorsäule,
da hat er sie zerschellt,
Dann ruft er, daß es schaurig
durch Schloß und Gärten gellt:

„Weh euch, ihr stolzen Hallen!
Nie töne süßer Klang
Durch eure Räume wieder,
nie Saite noch Gesang,
Nein, Seufzer nur und Stöhnen
und scheuer Sklavenschritt,
Bis euch zu Schutt und Moder
der Rachegeist zertritt!

Weh euch, ihr duft'gen Gärten
im holden Maienlicht!
Euch zeig' ich dieses Toten
entstelltes Angesicht,
Daß ihr darob verdorret,
daß jeder Quell versiegt,
Daß ihr in künft'gen Tagen
versteint, verödet liegt.

Weh dir, verruchter Mörder,
du Fluch des Sängertums!
Umsonst sei all dein Ringen
nach Kränzen blut'gen Ruhms!
Dein Name ist vergessen,
in ew'ge Nacht getaucht,
Sei wie ein letztes Röcheln
in leere Luft verhaucht!"

Der Alte hat's gerufen,
der Himmel hat's gehört,
Die Mauern liegen nieder,
die Hallen sind zerstört;
Noch eine hohe Säule
zeugt von verschwundner Pracht,
Auch diese, schon geborsten,
kann stürzen über Nacht.

Und rings statt duft'ger Gärten
ein ödes Heideland,
Kein Baum verstreuet Schatten,
kein Quell durchdringt den Sand,
Des Königs Namen meldet
kein Lied, kein Heldenbuch;
Versunken und vergessen!
Das ist des Sängers Fluch.

## Der Barde

*Manfred Rommel*

Es ritt einmal ein Barde
auf seinem wackren Roß
mit seiner alten Harfe
hinein ins Königsschloß.

Obwohl der König schmerzlich
im Mittagsschlaf gestört
verfügte er großmütig:
Heut abend Hofkonzert.

Am Abend hat der Barde
erstmals aufgeführt
ein längeres Musikstück,
das er selber komponiert.

Der König voller Grause
sah gar kein Ende mehr.
Er warf den Barden hinause
und die Harfe hinterher.

Rumbum, Klirrklirr, so klang es
den steilen Hang entlang.
So kommts, wenn ein zu langes
Musikstück im Programm.

## Schwabenstreiche

Das Gedicht von Uhland wird umgearbeitet von Rommel zu einer absolut türkenfreien Version: Die Türken sind, wie der unglückliche Jüngling in „Des Sängers Fluch“ dadurch in Sicherheit gebracht, daß sie gar nicht vorkommen. Auf alle Türken kann ersatzlos verzichtet werden mit Ausnahme von einem, und der wird von Uhland nur gebraucht, um sich von dem schwäbischen Muskelprotz und Prahlhans, der die Hauptfigur des Gedichtes ist, durch Schwertstreich halbieren zu lassen. Daß auch das Pferd des Türken dabei draufgeht, dem vorher auch noch die Vorderfüße (er meint „Vorderbeine“) abgeschlagen werden, ist eine Ungeheuerlichkeit. Offensichtlich hat hier die im Schwäbischen übliche Drohung Pate gestanden: „Dir Schlag i d' Fieß ab, daß de auf de Stotze heimlaufe muscht!“ Jedenfalls gibt es keinen Grund, den guten Ruf Schwabens zu ruinieren und die Schwaben weiterhin als gewalttätige Ausländer- und Türkenfeinde darzustellen. Deshalb muß auch noch der letzte Türke aus dem Gedicht verschwinden, der Schwabe ein gutartiges, etwas vertrotteltes Wesen erhalten, auf die Risiken bei der Nutzung von unsachgemäß übersetzten Montageanleitungen und Wegbeschreibungen hingewiesen und auf Probleme der Deserteure aufmerksam gemacht werden. Schließlich wird das übertriebene Vertrauen der Schwaben in schriftliche Darstellungen kritisiert, das schon bewirkt hat, daß auf Kranzschleifen die Aufschrift „Ruhe sanft auf beiden Seiten" und „Auf Wiedersehen, wenn der Platz noch reicht" zu lesen war. Das Gedicht erhält hierdurch eine neue moderne Identität und kann in den Schulen verwendet und in Gegenwart türkischer Mitbürger bedenkenlos vorgetragen werden.

## Schwäbische Kunde

*Ludwig Uhland*

Als Kaiser Rotbart lobesam
Zum Heil'gen Land gezogen kam,
Da mußt'er mit dem frommen Heer
Durch ein Gebirge wüst und leer.
Daselbst erhub sich große Not,
Viel Steine gab's und wenig Brot,
Und mancher deutsche Reitersmann

Hat dort den Trunk sich abgetan;
Den Pferden war's so schwach im Magen,
Fast mußt' der Reiter die Mähre tragen.
Nun war ein Herr aus Schwabenland,
Von hohem Wuchs und starker Hand;
Des Rößlein war so krank und schwach,
Er zog es nur am Zaume nach;
Er hätt' es nimmer aufgegeben,
Und kostet's ihn das eigene Leben.
So blieb er bald ein gutes Stück
Hinter dem Heereszug zurück;
Da sprengten plötzlich in die Quer'
Fünfzig türkische Reiter daher;
Die huben an, auf ihn zu schießen,
Nach ihm zu werfen mit den Spießen.
Der wack're Schwabe forcht' sich nit,
Ging seines Weges Schritt vor Schritt,
Ließ sich den Schild mit Pfeilen spicken
Und tät nur spöttisch um sich blicken,
Bis einer, dem die Zeit zu lang,
Auf ihn den krummen Säbel schwang.
Da wallt dem Deutschen auch sein Blut,
Er trifft des Türken Pferd so gut,
Er haut ihm ab mit einem Streich
Die beiden Vorderfüß zugleich.
Als er das Tier zu Fall gebracht,
Da faßt er erst sein Schwert mit Macht,

Er schwingt es auf des Reiters Kopf,
Haut durch bis auf den Sattelknopf,
Haut durch den Sattel noch zu Stücken
Und tief noch in des Pferdes Rücken;
Zur Rechten sieht man wie zur Linken
Einen halben Türken heruntersinken.
Da packt die andern kalter Graus,
Sie fliehen in alle Welt hinaus,
Und jedem ist's, als würd' ihm mitten
Durch Kopf und Leib hindurchgeschnitten.
Drauf kam des Wegs 'ne Christenschar,
Die auch zurückgeblieben war;
Die sahen nun mit gutem Bedacht,
Was Arbeit unser Held gemacht.
Von denen hat's der Kaiser vernommen.
Der ließ den Schwaben vor sich kommen;
Er sprach: „Sag' an, mein Ritter wert!
Wer hat dich solche Streich' gelehrt?"
Der Held bedacht' sich nicht zu lang':
„Die Streiche sind bei uns im Schwang';
Sie sind bekannt im ganzen Reiche,
Man nennt sie halt nur Schwabenstreiche."

**Schwäbische Kunde**
*Manfred Rommel*

Als Kaiser Rotbart lobesam
in's Heilige Land gezogen kam,
ach, da lief so manches quer
in seinem Kreuzesritterheer.

Fritz Kreutle aus Korb
im Schwabenland
ritt verdrossen
durch den Wüstensand.

Kameraden hatten ihn geneckt
seinen Esel im Gebüsch versteckt
und als er diesen endlich gefunden,
war das Regiment bereits verschwunden.

Ihm zottelt er jetzt hinterdrein
und bedauert, ein Soldat zu sein
und daß Gott mit solchen Kameraden
eine schwere Last ihm aufgeladen.

Vor lauter Wettern, Maulen und Fluchen
überließ er es dem Esel,
den Weg zu suchen
über Steine, Dreck und Wüstensand,
bis daß er vor Kaiser Rotbart stand.

Der Kaiser fragt grimmig,
wo kommen Sie her?
Sie sind doch nicht etwa
ein Deserteur?

„Majestät!“ rief da Kräutlle,
„wo denken Sie hin?
Zu desertieren kommt einem Schwaben
niemals in den Sinn.

Bleib stets bei der Truppe,
so hab ich's gelernt,
doch die Truppe hat sich
von mir entfernt!“

Sein Regiment hatte sich nämlich verirrt
durch einen Reiseführer verwirrt,
den ein Chinese aus dem Reich der Drachen
hatte verfaßt in mehren Sprachen.

Anstatt zu gelangen ins Heilige Land
marschierte es
Richtung Samarkand.
Wo der Kreuzzug völlig unbekannt.

Daß ein simpler Esel
den rechten Weg findet
und der Mensch verwirrt
in der Wüste verschwindet,
erklärt sich, weil das graue Tier
nichts anfangen kann
mit bedrucktem Papier.
Kaiser Rotbart sagte: „Solche Streiche
die gibt es vor allem in meinem Reiche."
wo etwas, was durchaus nicht stimmt,
weil schriftlich man als Wahrheit nimmt.

**Edenhall**

Ebenso wie ein Pokal aus Kristall gelegentlicher Reinigung bedürftig ist, muß auch ein Gedicht von Zeit zu Zeit abgestaubt werden. Solche Entstaubung versuche ich an dem Gedicht „Edenhall" von Uhland vorzunehmen, indem ich den Schritt vom Mittelalter in die heutige Zeit wage.

## Edenhall

*Manfred Rommel*

Überall ist Karneval
auch im Schlosse Edenhall.
Das beste Stück
im Rittersaal
ist ein Pokal
aus Bleikristall.

Der Graf,
betrunken wieder mal,
rief: „Bringt jetzt endlich her einmal
den verstaubten Hauspokal!"
Gehorsam war das Personal
und tat sofort, was er befahl.
Doch stolpert es
und kam zu Fall
wegen einer glitschigen
Bananenschal.

War das ein Knall!
Und tausend Scherben überall.
Das war das End von dem Pokal,
der einst geziert
Schloß Edenhall.

## Der Kampf mit dem Drachen

### Vorbemerkung

Das Gedicht Schillers über den Kampf mit dem Drachen ist zwar etwas langweilig, jedoch ein eindrucksvolles Dokument deutschen Dichterfleißes. Letztlich geht es um den idealen und realen Menschen und um den Gehorsam, der letzterem fehlt, um zum Erstgenannten zu werden. Den Gehorsam lobt man heute nicht mehr so uneingeschränkt und vorbehaltlos. Aber an der richtigen Stelle ist er auch heute noch unentbehrlich. Heutzutage geht es um Freiheit, auch um kommunale Freiheit. Bei den Aktivitäten des Drachens handelt es sich zunächst um einen örtlichen Vorgang und deshalb liegt es nahe, ihn aus dem Gesichtswinkel der kommunalen Selbstverwaltung zu betrachten. Vergangene Katastrophen wertet die Selbstverwaltung fast ausschließlich unter dem Aspekt der Werbewirkung. Besonders qualifizierte Kommunalpolitiker schenken diesem Gesichtspunkt bereits ihre Aufmerksamkeit, so lange die Katastrophe noch stattfindet. Zunächst schaltet die Kommune keine oberen Behörden ein, sondern versucht, mit den eigenen Mitteln die Lage zu meistern. So verhält sich auch der Bürgermeister in meiner Fassung des Gedichts. Zunächst tut er gar nichts. Erst als der Drache, was anfänglich unbemerkt blieb, einen städtischen Mitarbeiter gefressen hatte, der Mitarbeiter notgedrungen die Bearbeitung von Akten einstellte und diese unbearbeitet auf dem Schreibtisch des Bürgermeisters landeten, wird der Bürgermeister aktiv und findet externe Hilfe bei dem auf Honorarbasis tätigen Ritter Wendelin. Wäre nach dem Ableben des Drachen nicht die Stimmung der Bürger umgeschlagen, hätte der Pfarrer nicht auf einmal Mitleid mit dem gefräßigen Vieh empfunden, hätten die Grünen nicht erkannt, daß sich hier eine Artenschutzfrage stellt, und hätte die Wissenschaft nicht bemerkt, daß ihr selbst bei Beschaffung eines weiblichen Drachens die Züchtung von Drachen versagt bleibt, dann hätte alles auf kommunaler Ebene erledigt werden können. So aber erhielt die Rechtsaufsichtsbehörde Kenntnis, freilich zu spät. Zum Trost lasse ich den Landrat den einzigen Satz sagen, der in beiden Versionen vorkommt:

Mut zeiget auch der Mameluk,
Gehorsam ist des Christen Schmuck.

## Der Kampf mit dem Drachen

*Manfred Rommel*

Ein Drache verwüstete einst eine Stadt
die sehr an Bekanntheit gewonnen hat.
Ihr Wappen, das nur eine Wühlmaus
geschmückt,
wurde sofort
mit diesem Drachen bestückt.
Wer nicht selbst von diesem Drachen
gefressen,
gedenkt seiner in Liebe.
Kann nicht ihn vergessen.

Ein Bürger, der bei der Marine war,
brachte heim
ein Ei aus Sansibar
und ließ es ausbrüten
von mehreren Hennen.
Das hätt er der Gemeinde
ersparen können.
Zunächst war der Drache
noch ganz klein,

doch stopft man in ihn
so viel Futter hinein,
daß bald er anschwoll
zu einem Koloß,
und einer Gefahr
für Klein und für Groß.

Er beförderte Familien
samt Kinderwagen
mit einem kräftigen Schluck
in den Magen,
verdaute schnarchend
diesen Schmaus
und spuckte
den Kinderwagen aus.
Auch vom Rathaus hat er
einen verschlungen.
Fast wär' ihm das
unbemerkt gelungen.

Denn die einen meinten,
dieser sei im Archiv
die anderen, daß er
hinterm Kassenschrank schlief.
Nach einer Woche erst
begann man ihn zu vermissen,

fast hätte der Schultes
selbst schaffen müssen.
Aber dieser brüllte zornesrot,
jetzt täte externe Hilfe not.

Nur einer kam ihm in den Sinn:
Der wackere Ritter Wendelin.
Dieser fühlte sich hoch geehrt
und erschien im Rathaus
mit seinem Schwert.

Das hatten ihm
fromme Jungfern gestiftet.
Es war nicht nur scharf,
sondern auch noch vergiftet.

„Tu es gleich“
war gestickt auf des Ritters Panier.
Dieser zog sofort
zu des Drachens Quartier.
Den Drachen versetzte das
nicht in Erregung,
er dachte:
hier kommt meine
Marschverpflegung!
Doch diese schlug zu,
mit dem giftigen Schwert,

bis daß er die Engelein
singen hört.

Der Drache stieß aus
ein leises Gebrumm.
Daraufhin schlug plötzlich
die Volksstimmung um.
Das verängstigte Volk wurd'
zur Trauergemeinde,
die bitterlich
ihren Drachen beweinte.
Das arme Tier,
hörte man klagen,
und Schande dem,
der es soeben erschlagen.

Ein Mitglied in der grünen Partei
sprach sogar von Barbarei.
Der Drache blickte
noch einmal empor
als öffne sich ihm
das himmlische Tor.
Die Pfarrer waren sehr erfreut,
daß der Drache
seine Sünden bereut
Gilt doch jener,
der zur Reue bereit,

viel mehr als der Freund
der Gerechtigkeit.

Auch einem Biologen war
der Vorgang nicht recht,
denn aussterben würde
das Drachengeschlecht
und stünde danach
nicht mehr zur Verfügung
den Biologiekandidaten
für die praktische Übung.
Drum habe es ihm schier
das Herz zerrissen.
Adieu, lieber Drache,
ich werd dich vermissen.

Ritter Wendelin war
baff und platt,
daß so wenig geschätzt
seine Heldentat
und daß das gefräßige
Drachenvieh
plötzlich fand
soviel Sympathie.
Doch hatte er schon seinen Scheck.
Und war in fünf Minuten weg.

Es nannte der Landrat
eine Erzsauerei,
daß noch kein Abschußantrag
in seiner Kanzlei.
Er sei erschüttert
und entsetzt,
daß wieder mal
das Recht verletzt.
Mut habe auch der Mameluk,
Gehorsam sei des Christen Schmuck.

**Der Gang nach dem Eisenhammer**

Dieses Gedicht schreit geradezu nach einer Neubearbeitung, die hiermit vorgelegt wird. Erstens diffamiert es die Metallarbeiter, sie würden auf Hinweis ihres Aufsichtsratsvorsitzenden einen Menschen umbringen, das heißt, etwas präziser, die bei den Metallern üblichen Umgangsformen erlaubten es, Menschen, die stören, in den Hochofen zu werfen. Das läßt sich nicht aufrecht erhalten. Über Leichen geht man in ganz anderen Berufen. Zweitens wird die IG-Metall nicht einmal erwähnt. Aus der Perspektive des heutigen Lesers ist das ein Mangel und kann so nicht stehen bleiben. Die Person des intriganten Jägers Robert ist in dem Gedicht unnötig. Der Herzog braucht keinen Gehilfen, sondern kann selbst gegen Kammerdiener Verdacht schöpfen. Gründe hierfür gibt es. Das mußte herausgearbeitet werden. Der etwas langatmige Text wird dadurch gestrafft und wieder lesbar.

## Mißglückte Strafversetzung

*Manfred Rommel*

Tief drinnen im Walde
härten den Stahl
tausend Männer, alle
bei IG Metall.

Alle Männer sind
erfüllt mit Verdruß,
wegen dem mäßigen
Tarifabschluß.

Ihr Chef ist ein Herzog.
Im nahen Schlosse
bleibt auch er nicht verschont
von großem Verdrosse.

Denn im Herzogsschloß
mit frommem Sinn
wirkt Kammerdiener
Fridolin.

Der biedren Gräfin
von Savern,
des Herzogs Gattin,
dient er gern.
Sogar den Herzog
vertritt er beredt
sowohl beim Kirchgang
wie auch beim Gebet.

Täglich ist
der Herzog beim Jagen,
wobei ihn
finstre Gedanken plagen.

Denn er braucht nur wieder
sein Schloß zu betreten,
stets sind die beiden
schon wieder beim Beten.

Ob bei Tag
oder in der Nacht.
Das nährte im Herzog
schlimmen Verdacht

Ruhlos sitzt er
in der Kammer.
Da fällt ihm ein:
Der Eisenhammer!

Dorthin versetzt er
den biederen Frommen.
Doch das sollte dem Herzog
nicht gut bekommen.

Keine harte Arbeit
den Fridolin quält,
denn er wird sofort
in den Betriebsrat gewählt.

Er hat nun aus
respektablem Grunde
noch öfter Zeit
für eine
Andachtsstunde.

## Die Kraniche des Ibikus

„Die Kraniche des Ibikus“ von Schiller könnten nach längerem Gebrauch und zwangsläufiger Abnutzung eine Auffrischung und Modernisierung vertragen. Schon lange wird an dem Sockel gerüttelt, auf dem sie aufgestellt worden sind, unter anderem durch Nachdichtungen in schwäbischem und sächsischem Dialekt („Un gräßlich feixt nomal die Leiche, de Märder sausen zitternd fort“). In der Neufassung wird neben dem Mord an Ibikus ein zweiter dramatischer Höhepunkt dadurch erreicht, daß der Kranich, der zu Recht für seinen Beitrag zur Überführung der Täter eine Belohnung erwarten durfte, um diese geprellt wird. Dennoch ist es nicht leicht, das durch tägliche Krimis verwöhnte Fernsehpublikum für einen Kriminalfall zu interessieren, in dem der einzige Tatzeuge ein Vogel ist. Sie bemerken zu Recht, daß Schiller mehrere Kraniche braucht. Ich finde, einer genügt.

## Die Kraniche des Ibikus

*Manfred Rommel*

Was Sänger Ibikus gesungen
hat meistens angenehm geklungen,
doch manches mal,
ich sag es offen,
hat er nicht mehr
den Ton getroffen.
Doch die Menschen
waren tief gerührt,
gaben Ibikus,
was ihm gebührt.
Zwar fand sich
in dem Sammeltopf
auch mancher
alte Hosenknopf.
Es fanden sich auch
ein paar Sesterzen,
so sehr ging sein Gesang
zu Herzen.
Zwei Räuber,
musisch unbegabt,
hätten gerne
die Sesterzen gehabt.
Drum legten sie sich
hinter einer Mauer,

wo Ibikus entlang kam,
auf die Lauer.
Er kam, sie brüllten
Geld oder Leben!
Ibikus wollt' nur
die Knöpfe hergeben.
Doch die Räuber war'n damit
nicht zufrieden
und so ist Ibikus
unsanft verschieden.

Ein Kranich,
auch ein Musikant,
flog krächzend
über Griechenland.
Da hört er plötzlich
voll Genuß,
den Marschgesang
des Ibikus.
Doch jäh verstummte
der Gesang.
Die Freude war
ihm verdorben.
Nur selten singt
ein Sänger noch,
der gerade
ist verstorben.

Der Kranich hoffte
auf reichen Lohn,
flog sofort
zu einer Polizeistation
zu melden,
wer Ibikus Mörder war'n
Doch hat er dort
schnöden Undank erfahrn.
Belohnt wurd' er
von diesen Tröpfen
mit Ibikussens
Hosenknöpfen.

## Schillers „Handschuh

Das Gedicht von Schiller macht aus einer Mücke einen Elefanten, wenn wir die Tat des den Damenhandschuh aus einem Löwenkäfig holenden Ritters in Vergleich zu den Risiken setzen, die heute unsere Polizei und Feuerwehr eingehen müssen, um entlaufene Katzen, ausgeschwärmte Bienenvölker und entflohene Vögel zu bergen, Hornissen- und Wespennester sanft umzusiedeln, Kinder von Gittern zu befreien, durch die sie ihre Köpfe gesteckt haben, so daß sie diese nicht mehr zurückziehen können. Der Handschuh wurde im Sinne der Modernisierung durch eine Börse ersetzt.

**Die Börse** (ehemals der Handschuh)
*Manfred Rommel*

Ein Ritterfräulein
aus St. Gallen
ließ ihre Börse
in einen Zwinger fallen,
wo ein Löwe lag
auf der faulen Haut,
der grad sein Mittagsmahl
verdaut.

Ein junger Ritter
die Dame begleitet.
Sie hatt' ihm schon viel
Verdruß bereitet.
Nun sagt sie zum Ritter:
„Jetzt raffe dich auf
und hole die Börse
wieder hinauf!

Ich werd' dir dann schon
irgendwie danken,
in der Börse befinden sich
zweihundertzehn Franken.
Ich denke, ich gebe dir
davon ein Drittel.
Für einen jungen Menschen
beachtliche Mittel."

Verdrossen darauf
der Ritter spricht:
„Den Dank, meine Dame,
begehre ich nicht!"
Ich behalte lieber
meine Finger
und riskiere sie nicht
im Löwenzwinger.

Wer zahlt, wenn mich
der Löwe beißt
oder mir nur
meine Hos' zerreißt?
Leb wohl sagt er,
oh Kunigunde,
und reiste ab
zur selben Stunde.

## Variationen zum „Taucher“

„Der Taucher“, den auswendig lernen zu müssen früher eine gefürchtete Schulstrafe war, ist, höflich formuliert, etwas lang geraten. Der Mensch ist schließlich kein U-Boot und kann unmöglich so lange die Luft anhalten, wie die Lektüre des Gedichts dauert. Das aber muß von einem Gedicht über das Tauchen erwartet werden. Mein Vorschlag erfüllt diese Forderung. Überdies faßt man den Verdacht, der Verfasser, nämlich Schiller, sei Nichtschwimmer gewesen. Ich aber habe den Grundschein und bin Fahrtenschwimmer.

### Der Taucher

*Friedrich von Schiller*

„Wer wagt es, Rittersmann oder Knapp,
Zu tauchen in diesen Schlund?
Einen goldnen Becher werf ich hinab,
Verschlungen schon hat ihn
der schwarze Mund.
Wer mir den Becher kann wieder zeigen,
Er mag ihn behalten, er ist sein eigen.“

Der König spricht es und wirft von der Höh
Der Klippe, die schroff und steil
Hinaushängt in die unendliche See,
Den Becher in der Charybde Geheul.
„Wer ist der Beherzte, ich frage wieder,
Zu tauchen in diese Tiefe nieder?"

Und die Ritter, die Knappen um ihn her
Vernehmen's und schweigen still,
Sehen hinab in das wilde Meer,
Und keiner den Becher gewinnen will.
Und der König zum drittenmal wieder fraget:
„Ist keiner, der sich hinunter waget?"

Doch alles noch stumm bleibt wie zuvor,
Und ein Edelknecht, sanft und keck,
Tritt aus der Knappen zagendem Chor,
Und den Gürtel wirft er, den Mantel weg,
Und alle die Männer umher und Frauen
Auf den herrlichen Jüngling
verwundert schauen.

Und wie er tritt an des Felsen Hang
Und blickt in den Schlund hinab,
Die Wasser, die sie hinunterschlang,
Die Charybde jetzt brüllend wiedergab,
Und wie mit des fernen Donners Getose

Entstürzen sie schäumend
dem finstern Schoße.

Und es wallet und siedet
und brauset und zischt,
Wie wenn Wasser mit Feuer sich mengt,
Bis zum Himmel spritzet
der dampfende Gischt,
Und Flut auf Flut sich ohn Ende drängt,
Und will sich nimmer erschöpfen und leeren,
Als wollte das Meer noch ein Meer gebären.

Doch endlich, da legt sich die wilde Gewalt,
Und schwarz aus dem weißen Schaum
Klafft hinunter ein gähnender Spalt,
Grundlos, als ging's in den Höllenraum,
Und reißend sieht man
die brandenden Wogen
Hinab in den strudelnden Trichter gezogen.

Jetzt schnell, eh die Brandung wiederkehrt,
Der Jüngling sich Gott befiehlt,
Und – ein Schrei des Entsetzens
wird rings gehört,
Und schon hat ihn der Wirbel hinweggespült,
Und geheimnisvoll
über dem kühnen Schwimmer

Schließt sich der Rachen,
er zeigt sich nimmer.

Und stille wird's über dem Wasserschlund,
In der Tiefe nur brauset es hohl,
Und bebend hört man von Mund zu Mund:
„Hochherziger Jüngling, fahre wohl!"
Und hohler und hohler hört man's heulen,
Und es harrt noch mit bangem,
mit schrecklichem Weilen.

Und wärfst du die Krone selber hinein
Uns sprächst: Wer mir bringet die Kron,
Er soll sie tragen und König sein –
Mich gelüstete nicht nach dem teuren Lohn.
Was die heulende Tiefe da unter verhehle,
Das erzählt keine lebende glückliche Seele.

Wohl manches Fahrzeug, vom Strudel gefaßt,
Schoß jäh in die Tiefe hinab,
Doch zerschmettert nur rangen
sich Kiel und Mast,
Hervor aus dem alles verschlingenden Grab. –
Und heller und heller, wie Sturmes Sausen,
Hört man's näher und immer näher brausen.

Und es wallet und siedet
und brauset und zischt,
Wie wenn Wasser mit Feuer sich mengt,
Bis zum Himmel spritzet
der dampfende Gischt,
Und Well auf Well sich ohn Ende drängt,
Und wie mit des fernen Donners Getose
Entstürzt es brüllend dem finstern Schoße.

Und sieh! aus dem finster flutenden Schoß,
Da hebet sich's schwanenweiß,
Und ein Arm und ein glänzender Nacken
wird bloß,
Und es rudert mit Kraft
und mit emsigem Fleiß,
Und er ist's, und hoch in seiner Linken
Schwingt er den Becher
mit freudigem Winken.

Und atmete lang und atmete tief
Und begrüßte das himmlische Licht.
Mit Frohlocken es einer dem andern rief:
„Er lebt! Er ist da! Es behielt ihn nicht!
Aus dem Grab,
aus der strudelnden Wasserhöhle
Hat der Brave gerettet die lebende Seele.“

Und er kommt,
es umringt ihn die jubelnde Schar,
Zu des Königs Füßen er sinkt,
Den Becher reicht er ihm kniend dar,
Und der König der lieblichen Tochter winkt,
Die füllt ihn mit funkelndem Wein
bis zum Rande,
Und der Jüngling sich also
zum König wandte:

„Lange lebe der König! Es freue sich,
Wer da atmet im rosigten Licht!
Da unten aber ist's fürchterlich,
Und der Mensch versuche die Götter nicht
Und begehre nimmer
und nimmer zu schauen,
Was sie gnädig bedeckten
mit Nacht und Grauen.

Es riß mich hinunter blitzesschnell –
Da stürzt mir aus felsigtem Schacht
Wildflutend entgegen ein reißender Quell:
Mich packte des Doppelstroms
wütende Macht,
Und wie einen Kreisel
mit schwindelndem Drehen

Trieb mich's um,
ich konnte nicht widerstehen.

Da zeigte mir Gott, zu dem ich rief
In der höchsten schrecklichen Not,
Aus der Tiefe ragend ein Felsenriff,
Das erfaßt ich behend
und entrann dem Tod –
Und da hing auch der Becher
an spitzen Korallen,
Sonst wär er ins Bodenlose gefallen.

Denn unter mir lag's noch, bergetief,
In purpurner Finsternis da,
Und ob's hier dem Ohre gleich ewig schlief,
Das Auge mit Schaudern hinuntersah,
Wie's von Salamandern
und Molchen und Drachen
Sich regt' in dem furchtbaren Höllenrachen.

Schwarz wimmelten da, in grausem Gemisch,
Zu scheußlichen Klumpen geballt,
Der stachligte Roche, der Klippenfisch,
Des Hammers greuliche Ungestalt,
Und dräuend wies mir die grimmigen Zähne
Der entsetzliche Hai, des Meeres Hyäne.

Und da hing ich
und war's mit Grausen bewußt
Von der menschlichen Hilfe so weit,
Unter Larven die einzige fühlende Brust,
Allein in der gräßlichen Einsamkeit,
Tief unter dem Schall
der menschlichen Rede
Bei den Ungeheuern der traurigen Öde.

Und schaudernd dacht ich's, da kroch's heran,
Regte hundert Gelenke zugleich,
Will schnappen nach mir –
in des Schreckens Wahn
Laß ich los
der Koralle umklammerten Zweig;
Gleich faßt mich der Strudel
mit rasendem Toben,
Doch es war mir zum Heil,
er riß mich nach oben."

Der König darob sich verwundert schier
Und spricht: „Der Becher ist dein,
Und diesen Ring noch bestimm ich dir,
Geschmückt
mit dem köstlichsten Edelgestein,
Versucht du's noch einmal
und bringt mir Kunde,

Was du sahst
auf des Meeres tiefunterstem Grunde."

Das hörte die Tochter mit weichem Gefühl,
Und mit schmeichelndem Munde sie fleht:
„Laßt, Vater, genug sein das grausame Spiel!
Er hat Euch bestanden, was keiner besteht,
Und könnt Ihr des Herzens Gelüsten
nicht zähmen,
So mögen die Ritter
den Knappen beschämen."

Drauf der König greift
nach dem Becher schnell,
In den Strudel ihn schleudert hinein:
„Und schaffst du den Becher
mir wieder zur Stell,
So sollst du der trefflichste Ritter mir sein
Und sollst sie als Ehegemahl
heut noch umarmen,
Die jetzt für dich bittet
mit zartem Erbarmen."

Da ergreift's ihm die Seele
mit Himmelsgewalt,
Und es blitzt aus den Augen ihm kühn,
Und er siehet erröten die schöne Gestalt

Und sieht sie erbleichen und sinken hin –
Da treibt's ihn,
den köstlichen Preis zu erwerben,
Und stürzt hinunter auf Leben und Sterben.

Wohl hört man die Brandung,
wohl kehrt sie zurück,
Sie verkündigt der donnernde Schall –
Da bückt sich's hinunter mit liebendem Blick:
Es kommen, es kommen die Wasser all,
Sie rauschen herauf, sie rauschen nieder,
Den Jüngling bringt keines wieder.

## Der Taucher

*Manfred Rommel*

Ein König einst
im Übermut
warf einen goldenen Becher
in die Flut.

„Wer tauchend trotzt
des Meeres Gewalten
und findet den Becher,
der kann ihn behalten!"

Nach des Königs Erklärung
haben sich viele entfernt,
denn keiner von ihnen hatte
das Schwimmen gelernt.

Nur ein Ritter blieb,
ein wahrer Helde,
und erklärte, daß er als Taucher
sich freiwillig melde.

Das wilde Meer
könne ihn nicht erschrecken,
sofern das Wasser nicht tiefer
als im Nichtschwimmerbecken.
Der König meinte
so müßte es sein,
da sprang der Ritter
ins Wasser hinein.

Doch tat er dies unter
Verlust seines Lebens.
Auf seinen goldenen Becher
wartet der König vergebens.

## Das Nibelungenlied
## gereinigt und erträglich gemacht

Neben meiner Arbeit an der Modernisierung alter Gedichte stellte ich mir die Aufgabe, das deutsche Nationalepos, das Nibelungenlied von später aufgetragenem Verputz zu reinigen, alles Unnötige aus ihm zu entfernen und es in einer Form zu präsentieren, die es einem jungen Menschen von heute leicht macht, es – je nach Auffassungsgabe – in sieben bis vierzehn Minuten zu lesen und sich seinen Inhalt anzueignen. Dabei sollte der Humor nicht zu kurz kommen, ohne den eine solche Lektüre nicht zumutbar ist. Das Nibelungenlied diente als Rohmaterial zur Herstellung verschiedener Kunstprodukte, unter denen Richard Wagners „Ring des Nibelungen" besonders hervortritt, in die auch die germanische Götterwelt einbezogen ist. Wagners „Ring des Nibelungen" ist eine aus vier Opern bestehende Geschichte, die teilweise im Jenseits, im übrigen im Wasser, auf dem Land und in der Luft stattfindet. Der ranghöchste germanische Gott Wotan wird, wie man im Schwäbischen sagt, als mehrfacher „Kindlesvater" dargestellt mit einer gespannten Beziehung zu seinem Enkelsohn Siegfried. Richard Wagner verzichtet darauf, die in der germanischen Jenseitsvorstellung wichtige Hinwendung Wotans und seiner Helden an den Alkohol zu thematisieren.

## Jenseitsvisionen

In der hehren Götterburg Wallhall
ruft abends aus die Wunschmaid:
Oh kommt doch her, Ihr Helden all,
es ist schon wieder Punschzeit!

Der Germane hielt die Ewigkeit
im Rausch nur für erträglich.
Durch Alkohol zur Seligkeit?
Ich halt' das kaum für möglich.

## Das Nibelungenlied

*Neubearbeitung von Manfred Rommel*

### Prolog

Hätten die Nornen die Fäden
Des Schicksals verlängert,
hätte Wotan noch weitere
Damen geschwängert,
ohne sich
um das klägliche Wimmern
seiner illegitimen
Enkel zu kümmern.

### Siegfrieds Herkunft und Karriere

Höchst selten man im Walde findt'
ein ausgesetztes Wickelkind.
Einem Schmied namens Mime
ist das widerfahren.
Er starb deshalb in seinen besten Jahren.

Mime hatte nicht so richtig bedacht,
daß ein Knabe wird grob und rüpelhaft
und in der Pubertät, seien wir ehrlich,
wird mancher unter ihnen lebensgefährlich.

Die Eltern sind dann meistens sehr
betroffen.
Doch bleibt die entscheidende Frage offen:
Wer ist stärker und wer erzieht wen?
So wird die Erziehung zum Problem.

Da der Knabe ständig stritt und raufte
man ihn einfach „Siegfried“ taufte.
So ermutigt siegte er ständig,
das ärgerte Mime schließlich unbändig.

Ermahnte Mime in Güte den Sohn,
hieß es „mir dünkt, des gedachtest du
schon!“
Siegfried siegte so in der Erziehungsfrage
und Mime blieb nur noch die stumme Klage.

Doch weitaus mehr noch wurde Mime
verstört
durch Siegfrieds großes, scharfes Schwert,
das er übungshalber täglich schwang
bis ihm manch guter Hieb gelang.

## Der Drache

Nicht weit von Mime, eine Stund ungefähr,
lebte ein rheumatischer Drache als
Pensionär
mit seinem goldenen Hort, den er redlich
erworben.
Wegen dieses Horts ist er schließlich
gestorben.

Siegfried pfiff nach dem Drachen.
Der kam heraus,
Siegfried schlug zu.
Mit dem Drachen war's aus.

Als blutend der Drache
am Boden lag,
fiel Siegfried ein,
daß heut Badetag.

Er badet im Blut,
eine Hornhaut wächst ihm,
weder Schwert noch Pfeil
von nun an verletzt ihn.

Doch eine Stelle blieb frei,
hinten, gleich unter dem Kragen,
durch die hat ihn Hagen
dann später erschlagen.

Daß Siegfried allein
nun der Schatz gehört,
Hat Ziehpapa Mime
mächtig gestört.
Doch ein Schwertstreich
von Siegfrieds geübter Hand
zertrennte das lästige
Familienband.

**Siegfried begegnet der Liebe**

Unbeschwert zog nun
Siegfried dahin
keinerlei Gedanke
trübt ihm den Sinn,
bis er voll Verblüffung stand
vor einer hohen Feuerwand.

Er legt auf den Boden
Schwert und Schild
springt mutig durchs Feuer
und steht vor Brunhild,

mit der er sofort
eine Familie gründet,
doch prüfe sorgsam,
wer ewig sich bindet.

Gerade das unterblieb,
man schwor sich zwar Treue,
doch bald hatte Siegfried
bereits eine Neue.

## Siegfrieds Verrat und Tod

Siegfried war
mit Brunhilde versprochen,
doch bald darauf hat er
das Verlöbnis gebrochen,

indem er die jüngere
Kriemhilde gefreit.
Man schüttelt den Kopf.
So eine Gemeinheit.

Siegfried, der tat so
als ob das alles nicht stimmt.
Das hat die Brunhilde
erst richtig ergrimmt.

Sie konnte den Ärger
nicht mehr tragen
und beklagte sich bitter
beim biederen Hagen.

Hagen, als Freund
von Recht und Ordnung,
entschloß sich sofort
zu Siegfrieds Ermordung.

„Was du tun mußt, tue gleich"
war die Parole im Nibelungenreich.
Hagen schleudert einen Speer.
Rums, der Siegfried lebt nicht mehr.

Siegfrieds bewegliche Habe
warf Hagen in den Rhein.
Wär gewesen er ein Schwabe,
hätt' er dies lassen sein.

## Trauer um Siegfried

Der tote Siegfried
lag auf dem Schragen,
da huben die zwei Witwen
an mächtig zu klagen,

daß der muntere Held
so früh schon gestorben.
Das hatte ihnen gründlich
die Stimmung verdorben.

Wenn einer mal tot,
läßt sich daran nichts ändern.
Doch die zwei liefen rum
in schwarzen Gewändern

und gönnten sich nur
noch zur Fasnetszeit
ein kleines bißchen
Heiterkeit.

Brunhilde stieg
sogar in die Bütt.
Doch da machte Kriemhilde
dann doch nicht mehr mit.

**Rachsucht – auch das noch!**

Daß Siegfried tot war,
war keinem mehr recht
und Kriemhilde fauchte:
Das wird noch gerächt!

Deshalb freit sie Etzel,
den mächtigen Hunnen,
doch der Krug geht nur
bis er bricht zum Brunnen.
Ein paar Jahre lebte Kriemhild
im Ehestand
mit König Etzel
im Hunnenland.

Doch grübelte sie
bei Tag und bei Nacht,
weil man den Siegfried
hatte umgebracht.

Schließlich lud sie
die Nibelungen ein,
an Etzels Residenz
ihre Gäste zu sein.

Dem Hagen hatte gleich
Böses geschwant.
Drum hatte er die Reise
als Feldzug geplant.

Über Kriemhilds Charakter
war er durchaus im Bilde.
Er wußte, die Dame,
führt Übles im Schilde.

**Zug ins Hunnenland**

Ins Hunnenland marschierte
das Nibelungenheer.
Bis heute wird gewartet
auf seine Wiederkehr.

Die Donauhexen riefen:
„Bald werdet ihr umkommen,
bis auf den letzten Mann,
den Pfarrer ausgenommen."

Doch der grimme Hagen packte
den Pfarrer bei dem Kragen.
„Jetzt wollen wir mal sehen,
ob dich die Wogen tragen!"

Ein riesengroßer Platscher,
da lag er in der Flut.
Doch stellte sich heraus,
der Pfarrer schwamm recht gut.

Kein einziger in der Truppe
hatte davon einen Schimmer,
daß der Heerespfarrer war
diplomierter Rettungsschwimmer.

Der gelangte so ans Ufer
und schrie ganz laut hinüber:
„Ihr zieht in das Verderben.
Daheim bleib ich da lieber!"

Doch der grimme Hagen ließ
sein Ochsenhorn erschallen
und brüllte laut: „Wer umkehrt,
ist meinem Schwert verfallen!"

„Denn was da einst beschlossen,
auch wenn es noch so dumm ist,
das wird jetzt auch gemacht,
bis daß der Feldzug rum ist!"

## Die Nibelungen in Etzels Burg

Als das Heer bei Etzel
war angekommen,
wurde zunächst es freundlich
in Empfang genommen

und in eine große
Halle geführt.
Dort wurde dann auch
das Essen serviert.
Die Tische waren
prächtig gedeckt
doch Frau Kriemhilds Kost
hat keinem geschmeckt.

Denn Kriemhild hatt' sich
im Hunnenland
der vegetarischen Küche
zugewandt,
weil das ständige
Beefsteak Tartar
gar nicht nach ihrem
Geschmacke war.

## Das Essen mundet nicht

„Bäh“, rief ein Krieger,
daß es nur so dröhnt,
er sei von zu Hause
etwas Besseres gewöhnt.

Er sei hier weder
erschienen zum Spaß
noch um zu ersticken
am Kindsbetterfraß,

noch habe er die weite
Reis unternommen
um Hungerödeme
am A. zu bekommen.

Daß der Wein hier nichts tauge,
sei allseits bekannt,
er sei mit dem Essig
auf's engste verwandt.

Wer ihn trinke, müßte
mit Magenleiden
seinen weiteren Pfad
durchs Leben beschreiten.

Sofern ihm nicht durch
einen vergifteten Pfeil
der Marschbefehl nach
Walhall ereil.

Er hätte noch vorgebracht
weitere Klagen,
doch dann wurden die Knödel
aufgetragen.

Volker der Sänger
als erster verschwand
um eine Wurst sich zu holen
am Dönerstand.

Die übrigen hatten
inzwischen entdeckt,
daß Frau Kriemhilds Knödel
besser fliegt als schmeckt.

So haben die Knödel
keinen Hunger gestillt.
Dreimal trafen sie Etzel
und viermal Kriemhild,

Kriemhildens Haare,
so schön onduliert,

warn durch die Knödel
völlig ruiniert.

Da sprach König Etzel,
ihr solltet euch schämen,
euch als meine Gäste
so schlecht zu benehmen.

Als der Hunnen König
bin ich gar nicht erheitert,
wenn man auf mich die klebrigen
Knödel schleudert.
Der Nibelungen Aufenthalt
endete schließlich
durch rohe Gewalt.
Der Nachtisch wurde
nicht mehr serviert,
denn man hatte die Gäste
bereits massakriert.
Wo Kriemhild denn sei,
hörte Etzel man fragen.
Die hatte man aus
Versehen erschlagen

## Moral und Nutzanwendung

Oh Jungfrau, oh Jüngling,
liest du dies Gedicht,
folg der Nibelungen
Beispiel bitte nicht.
Esse immer geduldig,
was dir wird offeriert,
damit nicht auch dir noch
ein Unglück passiert.

## Umdichtung der württembergischen Nationalhymne

Während das Badenerlied allen Badenern bekannt und in sie jederzeit gebrauchsfähig einprogrammiert ist, lösen in Württemberg Versuche, das Schwabenlied mit dem Text von Justinus Kerner anzustimmen, trotz kräftiger Unterstützung durch Blaskapellen nur Summtöne und Gemurmel aus, untermalt von schüchternen Bemühungen einzelner Unentwegter, mitzusingen. Der Kernersche Text ist fehl am Platze. Es ist ein Jubelgedicht, das Graf Eberhard im Barte lobt, weil er im Kreise anderer Landesfürsten, die ihren

Reichtum eingestanden hatten, nicht etwa eine Änderung des Länderfinanzausgleichs zugunsten Württembergs gefordert, sondern mit der Gutmütigkeit seiner Untertanen renommiert hat, so daß die anderen Fürsten sagen konnten: „Graf im Bart, Ihr seid der Reichste, Euer Land trägt Edelstein!“ Deshalb habe ich schon zu meiner aktiven Zeit eine neu getextete Schwabenhymne vorgelegt, die das völlig berechtigte Jammern nicht vergißt. Beim Vortrag meines Textes geschieht das automatisch, denn gesungen wird ja nicht einfach „Landes“, „malträtiert“ und „Schublad“, sondern „Lahandes“und „malträtierhiert“ und „Schuhublad“.

**Die Schwabenhymne**
**(Preisend mit viel schönen Reden)**
*Justinus Kerner*

Preisend mit viel schönen Reden
ihrer Länder Wert und Zahl,
saßen viele deutsche Fürsten
einst zu Worms im Kaisersaal.

„Herrlich“, sprach der Fürst von Sachsen,

„ist mein Land und seine Macht,
Silber hegen seine Berge
wohl in manchem tiefen Schacht".

„Seht mein Land in üpp'ger Fülle",
sprach der Kurfürst von dem Rhein.
„Goldne Saaten in den Tälern,
auf den Bergen edlen Wein!"

„Große Städte, reiche Klöster",
Ludwig, Herr zu Bayern sprach,
„schaffen, daß mein Land dem Euren
wohl nicht steht an Schätzen nach".

Eberhard, der mit dem Barte,
Württembergs geliebter Herr,
sprach: „Mein Land hat kleine Städte,
trägt nicht Berge silberschwer.

Doch ein Kleinod hält's verborgen:
daß in Wäldern noch so groß
ich mein Haupt kann kühnlich legen
jedem Untertan in Schoß."

Und es rief der Herr von Sachsen,
der von Bayern, der vom Rhein:
„Graf im Bart ihr seid der Reichste,
Euer Land trägt Edelstein!"

**Schwabenhymne**

*von Manfred Rommel nach dem Rhythmus des Kernerschen Gedichts.*

Seit der Gründung unsres Landes,
ganz egal, wer uns regiert,
fühln wir Schwaben uns gewaltig
von den Badnern malträtiiert.

Wenn ein Geld kommt in die Kasse,
bleibt es nicht sehr lange dort,
denn die schlauen Badner merken's,
und das meiste Geld ist fort.

Oft da gehn wir Schwaben leer aus,
unsre Gesichter werden lang,
denn vor den Bad'nern sind nicht sicher
Truhe, Schublad, Kassenschrank.

Drum schart euch um unsre Fahne,
schwarz wie die Nacht, rot wie das Blut,
denn ein bißchen wollen wir behalten
von unserem ersparten Gut.

„Furchtlos und treu" sei die Parole,
„hie gut Württemberg" das Panier,

damit ein Teil der Steuermittel
geht nicht fort und bleibet hier.

Als das Land noch nicht vereinigt,
warn die Schwaben unter sich,
haben nur sich selbst geärgert,
dieses freilich fürchterlich.

Unser Wein ist ziemlich trocken,
doch wir Schwaben ziehn zum Trost,
wohl aus Birnen und aus Äpfeln,
manches Faß voll räsem Most.

Aus dem Most entsteht der Schlotzer,
damit die Kinder nicht so schrein
und der Alten Schlaf nicht stören,
so ist's gut, ein Schwab' zu sein.

Uns're Landeshauptstadt Stuttgart
war schon in Württemberg betrübt,
weil statt Kabinett und Landtag,
man meistens ihr die Prügel gibt.

So muß halt Stuttgart weiter tragen
fremder Sünden schwere Last
ganz gleich, wie gefärbt das Banner,
das da weht am Fahnenmast.